Made in the USA
Columbia, SC
05 December 2022

72786658R00057